AF144129

PETER CARL SIMONS

GRÜNER KAFFEE - DIE GARANTIE ZUM ABNEHMEN?

DIE GROßE LÜGE VOM GRÜNEN KAFFEE-EXTRAKT UND WIE SIE MIT GRÜNEM KAFFEE GESUND UND SCHNELL ABNEHMEN.

Bibliografische Information der Deutschen Nationalbibliothek:

Die Deutsche Nationalbibliothek verzeichnet diese Publikation in der Deutschen Nationalbibliografie; detaillierte bibliografische Daten sind im Internet über http://dnb.dnb.de abrufbar.

© 2015 Peter Carl Simons

Foto: © dream79 - Fotolia.com

Umschlaggestaltung: Sophia Valkova

Lektorat: Dr. Lotte Husung

Herstellung und Verlag: BoD –
Books on Demand, Norderstedt

ISBN: 978-3-7347-7621-2

Das Werk einschließlich aller Inhalte ist urheberrechtlich geschützt. Alle Rechte vorbehalten. Nachdruck oder Reproduktion (auch auszugsweise) in irgendeiner Form (Druck, Fotokopie oder anderes Verfahren) sowie die Einspeicherung, Verarbeitung, Vervielfältigung und Verbreitung mit Hilfe elektronischer Systeme jeglicher Art, gesamt oder auszugsweise, ist ohne ausdrückliche schriftliche Genehmigung des Verlages untersagt. Alle Übersetzungsrechte vorbehalten.

Die Benutzung dieses Buches und die Umsetzung der darin enthaltenen Informationen erfolgt ausdrücklich auf eigenes Risiko. Der Verlag und auch der Autor können für etwaige Unfälle und Schäden jeder Art, die sich beim Besuch von in diesem Buch aufgeführten Orten ergeben (z.B. aufgrund fehlender Sicherheitshinweise), aus keinem Rechtsgrund eine Haftung übernehmen. Rechts- und Schadenersatzansprüche sind ausgeschlossen.

Das Werk inklusive aller Inhalte wurde unter größter Sorgfalt erarbeitet. Dennoch können Druckfehler und Falschinformationen nicht vollständig ausgeschlossen werden. Der Verlag und auch der Autor übernehmen keine Haftung für die Aktualität, Richtigkeit und Vollständigkeit der Inhalte des Buches, ebenso nicht für Druckfehler. Es kann keine juristische Verantwortung sowie Haftung in irgendeiner Form für fehlerhafte Angaben und daraus entstandenen Folgen vom Verlag bzw. Autor übernommen werden. Für die Inhalte von den in diesem Buch abgedruckten Internetseiten sind ausschließlich die Betreiber der jeweiligen Internetseiten verantwortlich.

Inhaltsverzeichnis

Vorwort

Sobald ein Abnehm-Trend ausgelutscht ist, springt der nächste über den großen Teich. Am besten lässt sich das in irgendwelchen Shopping-Kanälen und Online-Marktplätzen beobachten. Nachdem einige Zeit überall Artischocken- und Ananas-Produkte angeboten wurden, scheinen diese nun allmählich von grünem Kaffee-Extrakt abgelöst zu werden. Sie können dieses bereits in Form von Kapseln, Pulvern, Tabletten und sogar im Doppelfilter-Beutel kaufen.

All diesen Angeboten ist gemeinsam, dass zwischen dem ursprünglichen Produkt, nämlich grünen, also ungerösteten Kaffeebohnen, und dem angebotenen Produkt ein, wie ich finde unnötiger, Verarbeitungsschritt stattgefunden hat. Dieser macht aus einem Produkt mit einem Kilopreis von 2-3 Euro

(Weltmarktpreis) eines, von dem beispielsweise 60 Kapseln mit 400 mg Extrakt sage und schreibe 15 Euro kosten. Das macht für 1 Kilo Kaffee-Extrakt einen Umsatz von über 600 Euro.

Es ist zwar richtig, dass ein Kilo Kaffee nicht einem Kilo Kaffee-Extrakt entspricht und das Ganze natürlich auch noch schön verpackt werden muss. Aber schon der gesunde Menschenverstand lässt einen unweigerlich zum Schluss kommen, dass die Anbieter des Extrakts trotz allem einen erheblichen Gewinn machen.

Tatsächlich gibt es etliche, unter wissenschaftlichen Gesichtspunkten erstellte Studien, die den positiven Einfluss von grünem Kaffee auf Körpergewicht und Gesundheit belegen. Liest man diese Studien aber genauer, so kann man durchaus daraus entnehmen, dass die positive Wirkung nicht auf der Komprimierung in Extrakt-Form beruht, sondern diese sich genauso durch die Konsumation von grünem Kaffee erreichen lässt, wenn man dies richtig angeht. Dieses Wissen, das meine früheren Arbeitgeber sehr gern verschlossen hielten, mache ich Ihnen, liebe Leserinnen und Leser, in dieser Publikation zugänglich.

Wenn auch Sie sich der Geldmacherei mit Wundermittelchen »Made in USA« entgegensetzen wollen und ehrliche Informationen bevorzugen, dann freue ich mich, wenn Sie online ein entsprechendes Feedback hinterlassen und das Buch auch an andere Menschen mit Gewichtsproblemen weiterempfehlen.

Besten Dank hierfür

Ihr Peter Carl Simons

Wir brauchen eine moderne Diät

In unserer mobilen Gesellschaft ist ungesundes Essen für viele Menschen beinahe ein notwendiges Übel. Viele sind darauf angewiesen, ihre Mittagsverpflegung in Kantinen einzunehmen, wo mehr auf »günstig« als auf »gesund« geachtet wird. Andere sind durch ihre Tätigkeit in Außendienst, Schichtdienst oder ähnlichen Konstellationen kaum in der Lage, regelmäßig und gesund zu essen. Immer mehr Nahrungsmittel mit jeder Menge ungesunden Zusatzstoffen und Zucker tragen das Ihre zum wachsenden Übergewicht in der Gesellschaft bei.

Es ist nicht verwunderlich, dass einige Hersteller dieser ungesunden, dick machenden Nahrungsmittel wiederum Diätmittel oder kalorienreduzierte Nahrungsmittel auf den

Markt bringen. So verdienen sie zusätzlich Geld damit, die Ergebnisse der Fehlernährung, die teils auch auf die Inhaltsstoffe ihrer eigenen Produkte zurückzuführen sind, wieder zu beheben. Ein klassischer Fall von zweimal verdienen. Es wird womöglich nicht mehr lange dauern, bis am stark zuckerhaltigen Kultgetränk ein Gutschein für das Warenmuster eines Diätproduktes aus demselben Haus hängt.

Abnehmen ist ein Milliardengeschäft, und die Umsatz- und Gewinnprognosen für diesen Wirtschaftssektor wachsen laufend.[1]

Tatsächlich gibt es auch eine Alternative, die weitgehend körperfreundlich, hundertprozentig natürlich - ja sogar in Bioqualität erhältlich - und extrem kostengünstig ist. Rechnen Sie mit etwa 10-20 Euro im Monat, die Sie aber

---

[1] *Sollten Sie noch etwas Geld anlegen wollen - hier winken überdurchschnittliche Erträge, gekoppelt mit einem stetig wachsenden Markt.*

durch das Weglassen der entsprechenden Menge gerösteten Kaffees mehr als wieder hereinholen.

Grüner Kaffee

Anders als man womöglich vermuten könnte, meint »grüner Kaffee« nicht Kaffee in Bio-Qualität, sondern es handelt sich dabei schlicht und einfach um nicht gerösteten Kaffee. Aus diesem Grund ist er noch nicht braun, sondern hat eine zarte grün-beige Farbe. Wir sprechen also von den naturbelassenen Bohnen, wie sie in einer Kaffeerösterei - oder von manchen Kaffeeliebhabern auch daheim – sonst durch Hitzeeinwirkung zu dem Kaffee geröstet werden, der dann von verschiedenen Anbietern im Lebensmittelhandel angeboten wird.

Grüner Kaffee zeichnet sich gegenüber gerösteten Kaffeebohnen dadurch aus, dass darin noch sämtliche gesunden Rohstoffe, die teilweise bei der Röstung vernichtet werden, enthalten sind.

Geschmacklich hat grüner Kaffee kaum etwas mit dem gemeinhin bekannten Kaffee zu tun. Mich persönlich erinnert der Geschmack des aufgegossenen grünen Kaffees eher ein wenig an Kräutertee.

Der bereits genannte grüne Kaffee-Extrakt, wie er von einer großen Zahl von Anbietern angeboten wird, ist im Übrigen nichts anderes als aufgebrühter grüner Kaffee, dem mit schonenden Dampf-Trocknungsprozessen das Wasser entzogen wurde.

Im besten Fall handelt es sich also um denselben Wirkstoff wie denjenigen, den Sie beim Aufbrühen von grünem Kaffee zu einem Bruchteil des Preises - und erst recht noch frisch und schmackhaft – selbst herstellen können. Wurde der Trocknungsprozess dagegen nicht mit der notwendigen Sorgfalt vorgenommen, so leiden darunter die so wichtigen Wirkstoffe des grünen Kaffees.

Wirkung

Im Zuge der Fettverbrennung ist besonders die Chlorogensäure von Bedeutung.[2] Sie

---

[2] Wikipedia schreibt zu diesem Wirkstoff u.a.:

»(...) Chlorogensäure zeigte in verschiedenen Studien Effekte auf biologische Systeme. Dabei ist zu beachten, dass es sich hierbei zwar um durch wissenschaftliche Studien belegte Wirkungen handelt, diese jedoch nicht als arzneiliche Wirkungen verstanden werden dürfen. Hierfür wären erheblich umfangreichere Untersuchungen nötig.

Chlorogensäure ist ein bekanntes Antioxidans und ihre Isomere schützen die DNA vor Schäden, ein Effekt, der im Zellversuch sogar wirksam gegen Schäden durch radioaktive Strahlung war. Sie verlangsamt nach einer Mahlzeit die Aufnahme von Zucker ins Blut. Dies unterstützt die Beobachtung, dass Chlorogensäure im Tiermodell einen antidiabetischen Effekt zeigte. Außerdem wurde ein blutdrucksenkender Effekt bei gesunden Menschen entdeckt. Chlorogensäure hemmt die Plättchenaggregation (Blutgerinnung). Im Tierversuch an Schweizer

stellt die Grundlage der fettverbrennenden Wirkung grünen Kaffees dar. Durch die Röstung der Kaffeebohne wird dieser Wirkstoff aber in einem erheblichen Maß zerstört.

Vereinfacht könnte man schreiben, dass Chlorogensäure vor allem die Möglichkeit des Körpers, Zucker aufzunehmen und zu speichern, deutlich einschränkt. Kann der Körper aber weniger Zucker einlagern, dann reduziert dies automatisch das Ansetzen von Fett. Der Körper ist darauf angewiesen, zur Aufrechterhaltung seiner Funktionen eigene Fettreserven aufzulösen. Die Folge einer kontinuierlichen Einnahme von grünem Kaf-

---

Mäusen (Labormausstamm) wurde an verschiedenen Magengeschwürmodellen eine positive Wirkung nachgewiesen. Es konnte gezeigt werden, dass Chlorogensäure dazu imstande ist, Leberentzündungen zu hemmen. Im Zellmodell wurde nachgewiesen, dass Chlorogensäure die Apoptose (den programmierten Zelltod) bei Krebszellen auslösen kann.«

fee ist daher die fortgesetzte Senkung des Körperfettanteils und damit die Verringerung des Gewichts.

Dieser Effekt tritt selbst dann ein, wenn er nicht durch zusätzlichen Sport oder eine Änderung der Essgewohnheiten unterstützt wird. Hierzu ist aber unzweifelhaft zu sagen, dass sowohl eine Umstellung der Essgewohnheiten als auch vermehrte Bewegung selbstverständlich im Rahmen einer gesunden Gewichtsreduktion ebenfalls wichtig sind.

Zubereitung

Die erste Herausforderung bei der Zubereitung von grünem Kaffee ist es, ihn zu mahlen. Anders als die relativ zerbrechlichen gerösteten Kaffeebohnen ist der grüne Kaffee sehr hart und weist eine Restfeuchtigkeit auf, weshalb er nur schwer gemahlen werden kann.

Schon ein einziger Versuch mit einer Handmühle oder dem Mahlwerk eines herkömmlichen Kaffee-Vollautomaten kann zum Totalverlust führen. Die besten Erfolge habe ich mit kräftigen Mühlen mit rotierendem Schlagmesser erzielt, wie sie beispielsweise auch für das Mahlen von Nüssen eingesetzt werden. Glücklicherweise bieten immer mehr Anbieter von grünem Kaffee auch bereits gemahlenen grünen Kaffee an. (Die meisten Anbieter von grünem Kaffee verkaufen diesen jedoch an Menschen, die selbst für den Eigenbedarf rösten.) Solcher gemahlener grüner Kaffee wird im Internet zurzeit zu Kilopreisen von weniger als 20 Euro angeboten. Da oft auch kleinere Einheiten erhältlich sind, spricht auch aus finanziellen Gründen nichts gegen den Selbstversuch.

Die eigentliche Zubereitung von grünem Kaffee ist ganz einfach.

Mahlen Sie den Rohkaffee je nach gewünschter Intensität des Getränks von fein bis grob - am besten probieren Sie selbst aus, was Ihnen schmeckt - oder kaufen Sie schon gemahlene grüne Kaffeebohnen.

- Geben Sie je nach Geschmack die gewünschte Menge gemahlenen Kaffees in einen Kaffeefilter (wie Sie ihn womöglich vom »normalen« Filterkaffee her kennen) und übergießen Sie ihn mit heißem Wasser.

- Alternativ können Sie den gemahlenen Rohkaffee direkt in eine Tasse geben und angießen. Lassen Sie ihn 10 Minuten lang ziehen und filtern Sie den Sud anschließend durch ein feines Sieb.

Es empfiehlt sich, den grünen Kaffee nicht zu süßen, wenn es darum geht, Gewicht zu reduzieren. Ist dies nicht der Fall, kann er genauso wie jeder andere Kaffee gesüßt oder auf Wunsch auch aromatisiert werden.

Im Alltag einsetzen - Was können Sie erwarten?

Natürlich ist es einfacher, einige Kapseln oder Pillen mit sich herumzutragen, als überall frisch seinen grünen Kaffee zu brühen.

Glücklicherweise ist dies aber gar nicht nötig. Sie können sich Ihren Kaffee beispielsweise am Morgen, oder gar schon am Vorabend, brauen und dann den Tag über mitnehmen und trinken.

Egal ob Sie nun mit grünem Kaffee-Extrakt oder selbst gebrautem grünen Kaffee Ihr Gewicht reduzieren wollen: Sie sollten keine Wunder erwarten. Seriöse Studien wurden im Allgemeinen über eine Zeit von 4-6 Monaten durchgeführt und zeigten bei weitgehend allen Teilnehmern nicht nur signifikante Gewichtsreduktionen, sondern auch eine allgemeine Verbesserung des Gesundheitszustandes auf.

Mir persönlich sind Menschen bekannt, die durch das Trinken von täglich 3-5 Tassen grünem Kaffee, statt gerösteten Kaffees, innerhalb von zwei Monaten über zehn Kilo dauerhaft abgenommen haben. Sie verzichten heute weitgehend auf »normalen« Kaffee zugunsten ihres neuen Lieblingsgetränks. Sie alle haben sonst nichts in ihrem Leben verändert.

Warnhinweis und Kontraindikationen

Verallgemeinernd könnte man sagen, dass grüner Kaffee von jedem Menschen, der auch »normalen« Kaffee trinken kann, in derselben Menge genossen werden kann. Da der grüne Kaffee weit weniger Koffein als gerösteter Kaffee enthält, stellt dies kaum ein Problem dar.

In jedem Fall sollten Menschen, die unter Krankheiten, darunter auch krankhaftem Übergewicht, leiden, jede grundlegende Ernährungsänderung mit ihrem behandelnden Arzt abstimmen.

Grüner Kaffee gilt für die folgenden Menschen als nicht geeignet:

• Schwangere und stillende Frauen,

- Menschen mit Koffein-Empfindlichkeit,

- Menschen die unter Diabetes, Bluthochdruck, Kreislaufproblemen leiden,

- Kinder,

- Menschen, die gerösteten Kaffee aus irgendwelchen Gründen nicht vertragen.

Eine Empfehlung für eine minimale oder maximale Menge an grünem Kaffee pro Tag lässt sich nicht geben. Abhängig vom Körpergewicht, aber auch dem allgemeinen körperlichen Zustand, wie auch der Stärke des Kaffees sind viele Komponenten entscheidend. Grundsätzlich sollte davon ausgegangen werden, dass die Einnahme von grünem Kaffee als Ersatz für gerösteten Kaffee in derselben Menge kaum problematisch ist.

Eine gesundheitsgefährdende Überdosierung ist bei grünem Kaffee, wenn dieser getrunken wird, kaum zu erreichen. In Bezug auf die Chlorogensäure müsste diese bei einer Konsumation von (je nach Quelle) 5-10 Litern grünem Kaffee am Tag liegen. Solche Mengen sind selbstredend nicht sinnvoll. Menschen die nachhaltige Abnehm-Erfolge durch das Trinken von grünem Kaffee erreichten, konsumierten im Allgemeinen täglich etwa einen Liter davon.

Sollten Sie nach der Einnahme von grünem Kaffee eine der folgenden Nebenwirkungen wahrnehmen, ist zu raten, dass Sie die Einnahme von grünem Kaffee unbedingt absetzen und sich mit dem Arzt Ihres Vertrauens besprechen:

- Herzrasen,

- Unruhe,

- Schlaflosigkeit,

- Unwohlsein.

Erfolgsfaktoren zum Wunschgewicht

Im Kontext von Gewichtsreduktion muss man zweifellos zwischen Menschen unterscheiden, die aus ästhetischen Gründen einige wenige Kilos abnehmen oder einfach ihre »Bikini-Figur« oder den »Waschbrett-Bauch« erhalten wollen. Für sie ist die Konsumation von ein paar Tassen grünem Kaffee pro Tag im Allgemeinen die geeignete Methode, ihr Traumgewicht zu erreichen und langfristig zu halten.

Menschen mit krankhaftem Übergewicht sollten jede Maßnahme mit dem Mediziner ihres Vertrauens absprechen. Insbesondere gilt es zu berücksichtigen, dass in den meisten Fällen auch psychologische Gründe einen Einfluss auf krankhaftes Übergewicht haben. Prüfen Sie die Möglichkeit, sich von einem

Coach oder Psychologen bei Ihrer Diät unterstützen zu lassen.

Jede Gewichtsreduktion fällt leichter und erfolgt schneller, wenn sie in Kombination mit einer angepassten Ernährung und entsprechender Bewegung stattfindet. Es geht dabei nicht zwingend um Spitzensport. Schon ein täglicher Abendspaziergang oder ähnliche Maßnahmen können einen ersten Schritt in die richtige Richtung bedeuten.

Zum Schluss

Anders als viele Ratgeber-Autoren biete ich hier weder die Produkte eines speziellen Anbieters an noch liegt es in meiner Absicht, für irgendeinen besonders Werbung zu machen. Außer dem bescheidenen Betrag für das Buch ziehe ich keinen Profit daraus, dass ich meine Erfahrung mit Ihnen teile. Da es mir ein großes Anliegen ist, dieses Wissen und diesen Ansatz zur Gewichtsreduktion zu verbreiten, bin ich Ihnen dankbar, wenn Sie online Ihr Feedback - und gern auch Ihre eigenen Erfahrungen mit grünem Kaffee - hinterlegen.